동백, 붉어지는 동안

작가마을 시인선 73
동백, 붉어지는 동안
ⓒ 2025 조규옥

초판인쇄 | 2025년 11월 28일
초판발행 | 2025년 11월 30일

지 은 이 | 조규옥
펴 낸 이 | 배재경
펴 낸 곳 | 도서출판 작가마을
등   록 | 제 2002-000012호
주   소 | 부산시 중구 대청로141번길 3, 501호(중앙동, 다온빌딩)
          T. 051)248-4115, 2598 F. 051)248-0733 E. seepoet@hanmail.net

ISBN 979-11-5606-299-8 03810 정가 12,000원

※ 이 책의 무단전재 및 복제행위는 저작권법에 의거, 처벌의 대상이 됩니다.
※ 본 도서는 2025년 부산광역시, 부산문화재단 지역문화예술특성화지원 '부산문화예술지원사업'
   으로 지원을 받았습니다.

작가마을 시인선 73

동백, 붉어지는 동안

조규옥 시집

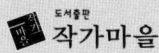

○ 시인의 말

내 몸에서 시작된 파도 소리
매달 찾아오는 붉은 리듬
그 안에 숨어 있던 아픔과 숨결
말로 다 할 수 없었던 감정들
천천히 시가 되어 나왔다

나는 이 시들을 쓰며
몸이 보내는 언어를 찾아 '듣기' 시작했고
몸의 리듬을 따라 '안다'라는 감각에 기대어
오래도록 이어진 몸의 걸음을 더듬었다

이 책에 실린 시들은
여성의 생리라는 신체의 리듬
그것은 누군가의 어머니로 딸로

혹은 한 존재로
살아가는 여성이
자신만의 고통과 회복을 품고
조용히 흔들리는 태도의 움직임이다

우리는 종종 말보다 먼저 몸으로 기억하고
사십여 년을 말보다 오래 몸으로 견딘다
이 책이
내 몸의 리듬을 조용히 위로한다

당신 또는 당신만의 파도를
부드럽게 지나갈 수 있기를

2025년 늦가을

차례 __ 조규옥 시집

작가마을 시인선 73

005 • 시인의 말

1부 피의 춤

013 • 시작의 불꽃
014 • 기울기 시작하는 날
015 • 선홍빛의 밤
016 • 붉은 딱지
017 • 달을 앓는 날
018 • 여자의 바다, 달의 빛
019 • 무언의 전승
020 • 같은 날, 다른 몸
021 • 숨 고르는 작은 물고기
022 • 괜찮아
023 • 작은 리듬
024 • 다시 차오를 때까지
025 • 이해는 사랑보다 깊게
026 • 조용한 파도
027 • 몸은 알았다

동백, 붉어지는 동안

2부 몸을 여는 시간

- 031 · 여름의 자궁
- 032 · 연대의 침묵
- 034 · 첫울음
- 036 · 세상에 오다
- 037 · 비워진 자리
- 038 · 탄생, 어머니 발자국
- 040 · 탄생의 신비
- 042 · 머물고 있어야 한다
- 043 · 대기실 – 기다리는 몸
- 044 · 탯줄
- 045 · 회복의 풍경
- 046 · 나는 문득
- 047 · 내가 받은 축복
- 048 · 어머니 최초의 신화
- 050 · 붉은 강, 살아 있는 힘
- 052 · 숨결의 시작
- 053 · 너를 품고 있는 시간
- 054 · 너와 나를 묶은 선

차례 ___ 조규옥 시집

3부 기억과 유산

057 • 너를 안고 있는 밤
058 • 이름의 시작
060 • 숨결의 무게
062 • 아침 햇살 아래
063 • 너를 위한 기도
064 • 네가 웃을 때
065 • 흐르는 것들
066 • 눈부신 숲의 기적
067 • 너의 무게
068 • 순간이더라
070 • 탄생의 서
071 • 불꽃 속의 봄
072 • 오래된 노래
073 • 첫걸음
074 • 날갯짓
075 • 보호자 1인
076 • 처음과 끝
078 • 이름, 그 첫 기도

동백, 붉어지는 동안

4부
관계의 거리

081 · 생명의 기록

082 · 멈춤 너머의 길

084 · 무게의 이름, 사랑

085 · 두 세계를 건너며

086 · 입김 속에 피어난 여자

087 · 보랏빛 숨결

088 · 마지막 달의 기록

089 · 멈춤의 시간

090 · 울음을 데운다

092 · 나란히, 멀어지고 있었다

093 · 탄생을 이룬 사람

094 · 붉은 선으로 이어진 기도

096 · 반복된 후

097 · 되감기 중

098 · 남은 자리

099 · 엄마와 달걀

100 · 동백, 붉어지는 동안

작가마을
시인선
073

―

동백, 붉어지는 동안

조규옥

1부

피의 춤

시작의 불꽃

첫 불꽃이 피어났을 때
작고 수줍은 불안 놀라울 만큼 뜨거웠다

몸 안 어딘가에서 몰래 타오르기 시작한
그 불꽃, 설명할 수 없는 설렘과 두려움
새로운 몸의 언어들이다

감정의 소용돌이 불안한 숨결이 턱에 찬다
낯선 길은 조용히, 아주 조금 다른 나로
피어나기 시작한 문장을 쓴다

새로운 별빛 밤하늘에 숨어 있던 작은 빛
하지만 한 번 발견되면
결코, 이전으로 돌아갈 수 없는 그런 빛

그 작은 빛은 열다섯 소녀의
삶에 첫 페이지를 붉게 물들였다
뜨겁고도 부드러운 아니 두려운
첫 불씨를 잡아당긴다

기울기 시작하는 날

그날이 기운다
가슴이 붓고 눈 끝이 젖는다
가벼웠던 마음은 묵직해지고
사소한 말에도 모서리가 생긴다
낯설고 흐릿한 거울 속
웃음은 멀고 목덜미엔 열이 돈다
말없이 차오르는 짜증과 울컥함
누가 떠밀지도 않았는데
한없이 기울어진다

매달 그런 날을 만난다
몸이 먼저 알아챘다
뺨이 붉고 생각은 뾰족해진다
나는 조금씩 다르게 아프다
누구도 듣지 못할 주파수
붉게 회전하는 진동
그 일주일은 그 언저리 헤매며
며칠째 비밀스럽다
그 날은 혼잣말로 기울어진다

선홍빛의 밤

한 줄기 선홍빛이 조용히 흘러내린다
예고 없이 시작된 생리의 밤
몸을 웅크려 보호막을 친다

신비의 섬엔 규칙 없는 통증이 든다
밀물처럼 깊숙이 밀려온다
무릎을 모으고 아랫배를 안으면
나는 점점 통증 속으로 숨는다

숨을 크게 쉬면 부푸는 섬
숨을 참으면 두근거리는 진동
침묵은 내 안에서 소멸하다가
붉은 고통을 반사한다

몸속에서 떨어지는 혈액
밖으로 나오는 통로의 비밀
다시 붉은 희망을 꺼내다가
통증은 깊은 밤을 청해놓고
붉은 훈장의 깊이를 염탐한다

붉은 딱지

내가 여자라는 것을 알아차린다

잦은 진통이 들어 있는 방패
말없이 견디는 붉은 가방을 여민다

누구는 말한다 "그 며칠쯤이야"
그 며칠은 늘 사춘기 혼돈의 불덩이다

몸과 타협하고 감정을 다독이며
아무 일 없다는 듯 미소를 띤 일상을 쓴다

붉은 옷을 입고 붉은 시간 속을 걷는다

몸속에서 일어나는 싸움터
오늘도 몸의 말을 듣는
어머니의 다음 여자가 된다

달을 앓는 날

이상해, 아무 일도 없는데
눈물이 핑 돌더니 몸에 열이 돈다
마른 침을 넘기는 허기
긴 터널을 통과하는 거리
정오의 햇살조차
비켜서서 숨바꼭질하더니
내 그림자를 밟고 지나간다

매달 어김없이 찾아오는 통증
낯익은 그 리듬 속에서
몸은 지난달을 꺼내 청진기를 품는다
이쯤 되면 달의 이끌림과 마음의 침잠
서로를 닮은 주기의 병명을 찾는다

매달 몇 해를 달달 외운 시 한 편이다
낯설게 투덜거리는 습관들
몸 안에서 움트는 창작의 서곡
몸의 언어로 써 내려가는
발열과 두통을 동반한 협주곡이다
은밀한 발가락 꾸물거린다

여자의 바다, 달의 빛

깊은 바다에서 내 몸을 건져 올립니다
바람에 흔들릴 때마다 속내를 말립니다
눌린 통증 심해에서 부풀어 터질 것 같습니다
겹겹이 마주해 오는 파도에 묻습니다

허리께에 통증을 어떻게 할 참인지
바다 안쪽의 심술은 모른 척할 건지
통증은 짠물에 절여진 채 말라가는데

가끔 달빛은 그렁그렁한 눈빛으로
모래알에서 몰래 눈을 뜹니다
까끌까끌하게 밤잠을 긁적거립니다
건져 올린 바다 와르르 쏟아집니다

내 몸의 은밀한 부분에 바다를 심습니다
더 견고한 생의 결이 분명해집니다

무언의 전승

어머니는 작은 보따리 하나를 이고 오셨다
잿빛 같은 눈빛도 한 보따리 이고 오셨다
내 품에 가을빛으로 물든 가제 한 필
손끝 야문 어머니 시간과 마주한다

"이건 첫 생리 때를 위한 준비다"
어머니 애틋한 눈빛으로 말을 건다
막차 떠날 시간이라며 등을 보이시면
쪽 찐 머리에 꽂힌 비녀가 힐끔거린다
뿌옇게 멀어지는 그녀의 마음자리

첫 생리 날부터 조각 하나씩 소실된다
마지막 조각마저 붉게 물든 두드림
가제 한 필을 모두 소진 시키고 본다

무엇을 흡수하고 무엇을 씻어내야 하는지
알아채지 못한 첫 생리통 분주하다
첫 이야기를 주워든다

같은 날, 다른 몸

달이 차오를 즈음이면 하늘을 바라본다
누군가에겐 화창한 햇살 같은 날
누군가에겐 먹구름이 온몸에 퍼지는 날

이달의 숙제를 위한 가방 속 비밀을 챙긴다
내 몸의 비밀을 품는다는 건 무거운 짐
눈치 빠른 이들만 알아듣는 특수어

무심한 눈빛 사이로 조용히 지나치기를
자연스럽게 따뜻한 바람이 나를 감싸 안기를

몸이 쓰는 비밀스러운 수다 붉은 동그라미에
갇히는 숫자들 너와 나는, 같은 날
다른 느낌으로 서로 다른 달이 차오른다

숨 고르는 작은 물고기

체육 시간 아이들의 웃음소리가
날카로운 칼날처럼 귀를 스친다

풀어진 운동화 끈을 묶으려면
심장은 빠르게 뛰다 구부러진다

가방 속 작은 봉지를 만지작거린다
손가락 끝을 스치는 그 물체
나는 그 무게감 순간에 알아챈다

온몸에 걸린 그 날의 중량감
골반에 매달려 중후한 무게를 들고
발끝에 긴 그림자를 질질 끌고 간다

오늘 보이지 않는 전장 위에 서서
나만의 리듬으로 시간을 견뎌낸다

괜찮아

운동장에서 뛰어가는 바람을 만난다
아이들 해맑은 웃음 둥둥 떠다닌다
내 몸 붉은 얼굴로 어정쩡한 걸음이다

"괜찮아?" 조용히 묻는 친구의 말
불안이 녹아내리는 말의 힘을 만난다

누군가는 모르는 척 눈길을 돌려주고
누군가는 조용히 몸의 이야기 품는다

내 안의 붉은 시간을 나누어 가진 운동장
아이들 땀내가 왁자지껄 펄펄 날아다닌다

마침 종소리 돌아 나오는 뿌연 먼지 속 바람
붉은 잇몸을 드러낸 붉은 바람이 매시간 분다

작은 리듬

아이가 고개를 푹 숙이고 대문을 연다
조심스러운 파문이 번지고 창백한 얼굴이다

몸은 어느덧 리듬을 타고 큰 북소리처럼
서서히 묵직하게 살결 아래 울음이 깃든다

이 애틋한 모성의 자리에 초대되는 날
작은 숨결이 투덜거리다 쓰러지는 날
풀죽은 말들이 조용히 응석을 부리는 날

작은 몸짓으로 여자를 어루만지는 날이면
달마다 찾아올 이 생리통 다시 낯설겠지

격하게 차오르는 감정의 끝 몸으로 든다
붉디붉은 작은 리듬을 향한 기도문을 든다

다시 차오를 때까지

몸은 천천히 한 달을 깨운다
몸 안 깊은 곳에서 리듬을 따라 흔들린다
지친 날의 흔적도 아픔의 무게도 깊어진다
저 물결처럼 주기를 나누어 흐를 것이다

다시 차오를 힘을 부드럽고 단단해질 한 달
내 안의 달이 멈추었으면 하는 바람을 든다
그것도 잠시 달마다 기다려지는 몸의 리듬
또 다른 한 달을 품는다

이해는 사랑보다 깊게

나는 매달 작은 전장을 치르며
붉은 꽃잎 하나씩 조용히 떨군다

그 고요한 피는 내 안의 계절을 넘어
새벽 강물처럼 말없이 흐른다

달을 품을 때 내 몸은 천천히 강이 되고
고통을 품을 때 내 몸은 바다로 이어진다

나는 다시 찢긴 무늬를 꿰매듯 하루를 꺼내
햇살 속 걸음마다 감사장을 품고 허기를 감싼다

붉은 당신이 내 등을 한 번 다독일 때면
나는 폭우 끝 무지개처럼 잠시 화사해진다

이해는, 사랑보다 깊은 날을 부른다
달을 품은 강과 고통을 품은 바다로 향하는
다대포구 그 길목을 지킨다

조용한 파도

네 몸에서 흐르던 피 그건 상처가 아니다
그 안을 들여다보면 조용한 힘이 흐르고 있다
씨앗의 인내로 아름다운 꽃을 선물하듯이
작은 씨앗 하나를 품은 피의 박동이다
너는 이미 밤하늘 빛나는 별 하나
아주 특별한 초대장을 받았다

몸의 리듬 억지로 바꾸려 하지 마라
세상의 박자도 그날만은 느리게 뛴단다
너의 몸은 너만의 울림으로 마음결을 태워
천천히 너의 문을 두드릴 테니까
딸아, 너의 처음이 부드럽고 따뜻하기를 바란다
천천히 너의 문을 두드릴 테니까

몸은 알았다

붉은 날의 기억 시간은 한 줄로 이어져
그 줄 위에 붉은 점들이 차례로 떨어진다
함께 알아차리는 몸의 주기

방마다 붉은 리듬을 비밀스레 들고
부산한 들랑거림 붉은 강을 잇는다
같은 달에 만나는 몸의 주기

이달도 붉은 리듬을 타는 중이다
눈빛으로 몸짓으로 우리 집 여자들
어느 저물녘에 기억할 몸의 주기

작가마을
시인선
073

——

동백, 붉어지는 동안

조규옥

2부

몸을 여는 시간

여름의 자궁

돌담길 따라 붉은 장미가 피어나는 여름
매미 울음처럼 온몸에 퍼지는 떨림을 본다
열 달 동안 숨죽이며 걸어가는 시간은
가시 돋친 장미처럼 아름답고도 아리다

그 여름은 진득한 기다림 숨결마다 꽃잎을
밀어 올리는 환희 땀방울과 햇살이 교차하는
그 순간 내 몸 안에서 한 송이 장미가 자란다

아침이면 풀잎에 맺힌 이슬처럼
맑은 감각이 밀려오고 그 힘
작은 물결이 자궁 깊은 곳에서 춤을 춘다

가시와 꽃잎 사이
사랑과 고통의 경계
탄생의 신비를 안은 계절 틈새로
조용히 미소 짓는 장미 한 송이

연대의 침묵

지하철 문이 열리고
가장 먼저 눈에 들어오는
붉은 선, 한 배려의 공백

그 자리는 말이 없다
그러나 고요히 말을 건넨다
앉을 것인가, 비워 둘 것인가?

앉고 싶은 욕망과
비워야 한다는 책임 사이
나는 침묵한 채 묻힌다

그 자리는 한 사람만의 자리가 아니다
품 안에 생명을 담았던 시간
그 시간이 남긴 숨결이
조용히 앉아 있다

그 앞에 선 우리는
타인을 위해 공간을 비울 수 있는가?

앉은 자는 편안하지만
비워둔 자는 존엄을 지킨다

그 자리는 무게를 견딘다
타자의 무게
아직 도착하지 않은
생명의 무게

첫울음

주먹을 꼭 쥐고
온몸에 힘을 모아 외친다

문 하나가 열리려는 찰나 나는 들었다
"한 번만 더 힘을 주세요"
그 말은 부탁이자
새 생명을 위한 다그침이었다

닫힌 살결이 벌어지고
몸이 터지듯 쏟아지던 그 순간
너는 나를 지나
첫울음을 토해냈다

나는 아픔보다 더 큰 울음을 터뜨렸다
열 달의 기다림이
폭포처럼 너를 향해 쏟아졌다

고요한 공기 위로
너의 울음 나의 울음

겹겹이 포개지고
나는 울면서 웃었다

"고맙습니다"
내 말은 열 달을 모두 합친 말
너는 알몸으로
주먹을 꼭 쥔 채
여리게 그러나 분명히 떨고 있었다

그 순간
내 어머니의 울음이 들렸다

세상에 오다

그날, 시간의 가장 안쪽에서
나를 향해 천천히 움직였다
육체와 영혼 사이 생과 생을 가르는
투명한 경계의 얇은 막 사이로 말없이
한 세계를 건너왔고
나는 떨리는 두 손을 모아
그 문 앞에 조용히 올렸다
그 외침 같은 울음은
우주를 향한 인사 같았다

내게는 모든 것이 처음이었다

네가 온 후 새로운 언어를 배운다
너를 향해 차츰차츰 깊어간다
너의 몸짓이 매일 새로움이었고
세상 모든 것이 작아 보이는 날들이다
그날 이후 나는 나를 믿지 않고
너를 믿기로 했다
나의 용기는 이미
너에게로 향해 재생되어가니까

비워진 자리

한 사람을 탄생시키는 것은
내 일부를 세상에 넘긴 일이다
그 순간부터 나는 나를 다시
처음부터 배워야 한다
몸은 제 자리를 찾느라 분주하고
마음은 들떠 너만 보인다
몸과 마음이 따로 논다는 것을
이제야 배운다

나를 빠져나간 자리 쓰다듬어보면
사랑이 빠져나간 자리의
텅 빈 허기가 남아 있다
그 자리에 남긴 상처 훈장처럼 들고
몇 날의 회복기를 더듬는다
너를 바라보는 웃음이
네가 바라보는 웃음이 텅 빈 허기를
다시 채워 주겠지!

탄생, 어머니 발자국

작은 숨결이 깃든 세상
어머니의 자궁처럼 둥글게 부풀며
끝없는 지평선을 품에 안고 태어난다
햇살 뜨거운 날이면
어머니의 숨결은 바람을 타고
먼바다처럼 밀려와
가슴 언저리에 물거품으로 부서진다

열다섯, 딸의 그 손에 건네시던
가제 한 필 말보다 짙은 전설처럼
세월을 감싸 안은 고요한 바느질이었다
이제는 새로운 생을 위한 가제 두 필
붉은 보자기에 곱게 싸 들고
당신은 해 뜨는 방향으로 걸어오신다
먼 지평선 위쪽으로 해가 피어오르듯
붉은 열차를 타고 서서히 나를 향해 차오른다

무엇을 흡수하고 무엇을 씻어내야 하는지도
몰랐던 맑은 강물 같던 내게

주기마다 머문 시간을 응시한다
거칠고 따뜻한 삶이 새겨진 시간의 언어였다
오늘, 당신의 눈빛이 웃는다
종달새 웃음 같은 감탄사
"우리 딸 큰일 했네"
나는 나의 첫날을 마주하며
어머니,
한 편의 서사시를 읽는다

탄생의 신비

노을빛 해거름 진통을 시작했다
돌아갈 수 없는 순간이다
몸보다 먼저 통증이 떨기 시작한다
세상의 문이 살갗과 뼈 사이를 비집고 열린다
고요를 찢는 고통의 번개가
허리를 가르고 숨조차 쉴 수 없는 그 찰나
나는 다시, 위대해진다
아직 말을 갖지 못한 생명
나를 통해 세상이 시작된다는 것

하혈로 붉은 울음이 뒤엉킨 분만실
나는 알게 되었다 고통은 죽음이 아닌
한 생명을 통과시키는 문이라는 것을
작고 뜨거운 울음 하나가
무거운 통증을 한순간에 사라지게 한다
아니, 사라진 것이 아니라
내가 '엄마'라는
다시는 되돌릴 수 없는 이름을 불러준다
출산의 통증은 한 생명을 빚는

고요하고 숭고한 힘
가장 위대한 "탄생의 신비"였다

머물고 있어야 한다

한 생각에 발을 담그면 모든 시간이
너라는 강을 따라 흐른다

예쁜 빛을 눈에 담고 좋은 향을 입에 넣으며
마음이 다치지 않게 걸으라던 어머니의 말씀
그 말은 이따금 큰 지표처럼 다가온다

보름달처럼 둥근 감정 하늘의 숨결 따라
밀물처럼 차오르고 썰물처럼 스며든다

너에 대한 한 생각으로 성장통이 지나간다
몸 안 깊숙이 숨은 불씨로 나를 이끈다

대기실 – 기다리는 몸

산부인과 대기실 번호표를 뽑는다
떨림을 먼저 뽑는다
입구 배너 판 속 아기의 웃음소리
멀리서 들리는 메아리다
앉아 있지만, 사실은 서성이고
몸 안에서 기웃거린다

옆 사람의 배가 내 배보다 더 부르고
눈빛이 내 눈에 겹쳐 보인다
진료실 문이 열릴 때마다
몸이 들썩이다 앉는다
잠시 만난 의사는 오늘도
"건강합니다"로 응답한다
나는 대답을 닫는다

임산부의 몸은
모든 감정을 삼키고 있었다

탯줄

아무 말 없이 너와 나는 이미 이어져 있었다
자궁 속 어둠을 더듬어 우리는 서로의 시간을
무중력 상태로 조용히 떠받치고 있었다

말보다 먼저, 소리보다 앞서, 살과 살로 연결된
이음줄의 특별한 관계 그러나 태어나는 순간
그 끈은 분리된다 침묵 속 적막으로 중단된 자리
그 이탈을 메우는 울음이 터지고 숨이 생겼다
너는 내 안에 없고 내 앞에 선율로 이어졌다

서로를 독립시킨 탯줄 그 끊어진 자리에
서로 다른 이름으로 여전히 배앓이를 한다

회복의 풍경

창문 너머 부드러운 햇살이 조용히 방을 감싼다
낯선 침대 위 낯선 이불 아래 내 몸은 서서히
이전과는 다른 시간을 배운다

새벽이면 깨어나는 작은 울음소리 내 숨결과 섞인다
방안을 깨우는 알람이다 텅 빈 허기를 든 아침이다
큰 대접에 소고기 미역국 모락모락 김을 피운다
좋은 향을 입에 넣으라던 어머니가 나를 어루만진다

회복은 상처와 화해하는 자리 뼈와 살이 제 자리를
찾느라 붉은 시간과 다툼 중이다

나는 문득

작은 너를 처음 안았을 때 나는 문득
내가 무엇을 받아 안았는지 깨달았다
그저 숨 쉬는 살결이 아니라 하나의 세계였고
하나의 기적이며, 하나의 질문이었다

눈을 감을 수 없었다 그 특별한 순간은
나를 꿰뚫고 있었기 때문이다
내가 선택한 모든 세상이 너를 통해 계속된다는 것

그러나 나는 안다 그 무게 감당하는 온기를
내가 받아든 슬기로운 생활 하나의 질문이다

내가 받은 축복

긴 진통의 회로 리듬은 신의 선물이다
몸짓으로 다 전하지 못한 말들 앞선다
첫울음 느리지만, 분명히 울리기 시작했다

시간은 조심스레 어둠의 결을 쓰다듬으며
가장 낮은 자세로 생명의 길을 찾아 나섰다
그 울음은 숨겨진 세계를 여는 작고도 강한 외침
모든 것이 다시 시작되는 순간이었다

아이의 얼굴엔 투명한 생명수가 맺히고
내게 달려온 것은 따뜻한 온기, 눈부신 기척이었다
모든 고통은 사라졌고
모든 것이 축복으로 번져왔다

작은 볼에 얼굴을 조심스레 비빌 때
무음, 무색의 절제된 감정
신비로운 탄생의 무게
내가 멋진 사람이 되었다

어머니 최초의 신화

어둠이 깃든 고요 속에서
작은 심장이 우주를 울리기 시작한다

시간은 고요히 흐르고
나는 생명의 문을 여는 여신이 되어
내 안에 깃든 별들을 깨운다

포근한 손길이 닿는 곳마다
사랑은 우주를 잇는 빛줄기로 피어나고
세상의 소음은 멈춘다

마음은 깊은 숨결로 숨 쉬며
별빛보다 투명한 첫 미소가
우주의 비밀을 속삭인다

길고 긴 기다림 끝에
내 안에 새겨진 고대의 기적
내 몸은 그 신화를 품은 신전이다

나는 다시

가장 오래된 이름으로 불린다

'어머니'라는 최초의 신화로

붉은 강, 살아 있는 힘

매달 붉은 강을 품고 조용히 흐르는 강
달마다 밀려오는 고요한 파도를 품고
아픔을 태우며 참는 법을 빽빽이 적는다

그 강물이 뜨겁게 끓어오르고 어느 날
땅속으로 스며들 듯 조용히 내 안을 잠식한다
내 몸이 만들어낸 열 달을 들고 외친다

아이의 탄생과 마주 선 강물은 물길을 찾는다
부서지는 듯한 몸의 작동을 예고한다
거즈를 입에 물고 참는 법을 총동원한다

아이의 첫울음이 들려오는 그 순간 강물은
세상을 적신다 안도의 한숨과 감사의 기도
이 강은 피보다 진한 눈물로 흥건하다
고통의 신비를 들고 선 열 달을 본다

이제, 붉은 강은 세상의 무게를 들고 흐른다
굽이굽이 돌아 꺾이지 않는 물처럼 내 안의 강

오늘도 너를 향해 나를 지키는 지침서 수정 중이다

숨결의 시작

내 안에 작은 빛 하나가 따뜻한 집을 짓는다
쉽게 느끼지 못해도 퍼지는 그 온기를 만진다

너의 숨결이 내 안에 흐르고
내 숨결은 부드럽게 흔들린다

매일 새벽 고요 속에서 너를 느끼며
세상이 조금씩 달라진다

이제 심장 박동은 점점 내 안에 둥둥 떠다닌다
안에서 울리는 무중력 보호막을 향해 이끈다
만질 수 없는 너 나는 이미 너와 함께 걷고 있다

조심스럽고도 확실한 길 위 우리는 서로를 향해
벅찬 새로움을 배우는 시작점이다

너를 품고 있는 시간

말없이 너는 바람처럼 내 안에 스며들었다
고요한 호수 위 작은 파문처럼 나를 흔들었고
낯선 바람이 맴돌고 열망이 혀끝으로 고인다

달마다 다른 움직임 인사를 전하는 태도
내 마음도 조심스레 너를 향해 기울기를 했다

매일 너의 숨결로 잠에서 깨어난다
너의 소리에 귀 기울이며 먹고 자는 평범한 일이
특별해지는 시간으로 끌려 들어간다

세상 하나뿐인 작은 우주를 품고 있다
너를 품었을 뿐인데 아주 특별한 나를 만난다

너와 나를 묶은 선

내 안에서 너의 심장이 함께 뛴다
무중력 상태로도 느낄 수 있는 박동
그 모든 흐름의 중심 한 몸으로 움직인다

나와 이어간 시간의 통로
내가 너에게 처음 건넨 붉은 물
숨결과 피가 섞인 그 따뜻한 손길
너에게 흘러들었고 너를 안는다

너를 향한 흥건한 감정선
한 몸으로 이어온 열 달의 근원지엔
내 마음을 먹고 내 자세를 배우며
내 삶을 들여다보던 그 힘으로
그 자리 사랑으로 묶이는 선이다

| 3부 |

기억과 유산

너를 안고 있는 밤

젖을 물린다. 스르르 잠든 너
달빛 안고 조용히 품 안에 담는다
한참을 아무 말 없이 그저 바라본다
너의 숨결은 작은 바람이 되어
내 품 안으로 고요히 스며든다

젖무덤 가까이 꽃잎 같은 입술이
물결처럼 오물거린다
눈가의 떨림 파르르 떨리는 살 내
내게 없던 용기가 은하수처럼 피어난다
온 우주를 품은 별이 될 모양이다

이 밤, 몸과 마음이 너를 향한다
바라보면 볼수록 더 그리운 향기다
이런 사랑을 해 본 적이 있었을까?
별빛 같은 기도가 쏟아져 내린다

이름의 시작

나는 인간으로 태어나
여자로 살아왔고
이제는 누군가의 '어머니'라는 이름으로
또 다른 존재가 되었다

출산은
몸을 열어 생명을 내어주는 일인 동시에
내 안의 이름 하나를
조용히 닫는 일이기도 하다

텅 빈 속에서 나는 묻는다

사랑이란
나를 얼마나 내어주어야!
완성되는 것일까?

그 질문 하나가
오늘의 나를 버티게 한다

이 거룩한 허기
내가 '사랑'이라고 부르는 이유다

숨결의 무게

창밖 어둠은 고요히 젖어 있다
너는 내 품에 안긴 채
작은 몸에서 젖내가 피어나고
가지런한 숨결이 들랑거린다

그 숨결이 내 뺨에 닿을 때마다
나는 네 곁을 파고든다
너에 마력에 흡입된 상태로

너에 작은 입술, 동그란 눈,
손가락의 꼼지락거림,
무한히 열리는 하품의 속도
내 하루를 견디게 하는 이유가 된다

너의 숨결을 느끼는 동안
나는 세상의 소소한 이야기보다
더 작은 것들에 귀 기울이게 된다

모두가 잠든 시간 너의 고요함에

나에 고요함을 찾아가는 중이다

아침 햇살 아래

너는 고요히 잠들어 있다
가느다란 손목 위로
아침 햇살이 살며시 내려앉는다

바람도 숨죽여 들랑거리는 작은 방
너에 숨결만이 새근새근 흐른다

햇살이 너의 이마를 덮는다
따뜻한 축복으로 나에 부끄러움 덮는다

나는 조심스레 너를 감싼다
햇살 속으로 스르르 쓰러진 온기의 힘

너는 평화의 화신으로 잠들고
그 고요함을 선물로 산다

햇살이 너를 덮고 너를 바라보는 이 방
고된 하루를 복원시키는 아침 햇살이다

너를 위한 기도

네가 잠든 밤마다 얼마나 많은 별이
조용히 너를 쓰다듬고 지나가는지

매일 꽃처럼 피었고, 바람처럼 울었으며
어떤 말로 날 위로했는지, 새롭게 단장한다

비바람에 흔들릴 때마다 세상의 모든 소리가
먼바다에 떠밀리다 낮은 자세로 기도한다

깊은 밤 별빛처럼 내려앉은 찰랑거림으로
너에게 삶이 늘 깨어있는 사랑을 쏟아지기를

네가 웃을 때

작은 입술 끝에 피어난 봄꽃
너의 웃음 세상을 녹이는 마술사
산골 계곡의 맑은 물소리처럼
잔잔한 마음 위에 파문을 일으켜
하루를 부드러운 빛으로 적신다
너의 웃음은 따스한 햇볕이거나
깊은 어둠을 환하게 비추는 달님이거나
네가 웃는 곳마다 꽃잎이 흩날리고
그 빛 따라 바람결에 몸을 맡긴다

세상은 천천히, 그러나 확실히
더 따뜻하고 환해지는 것
그 웃음이 골목길을 뛰어다닐 때
세상이 잠시 멈추고 숨 고르는 순간이다
너의 미소 속에서 다시 마을이 웃기를
나는 그 안에 묻히고 싶어진다
골목길 아이들이 웃을 때
햇살 사이로 춤추는 우리
너의 웃음으로 온 세상이 웃는다

흐르는 것들

너와 나 사이에 흐른다
보이지 않는 바다가 잔잔히 흐른다

숨결과 숨결처럼 맞닿는 그 자리엔
말없이 전해지는 파동이 출렁인다

네 작은 몸짓의 날개
내 마음을 촘촘히 감싸는 그물망
가냘픈 물결에도 흔들리는 닻 같다

밤과 낮이 뒤바뀌어 울다 지친 너
등에 포개어진 졸음은 무겁고
그 방엔 뜨거운 잠이 졸고 있었다

밤마다 깊고 넓은 바다를 등에 업고
한 몸으로 묶여 뜨거운 밤 울었던
백일 그즈음 한 달 내내 졸던 잠

눈부신 숲의 기적

작은 발자국 하나 내 마음의 호숫가로 끌고 가
잔잔한 파문을 흔드는 노래 첫 소절이다

서툰 옹알이는 바람에 실린 첫 마디마디
손끝에 머문 세상의 무게를 감싸 안고
봄날 흩날리는 꽃잎 같은 박자를 맞춘다

아이의 손가락이 스치는 모든 것
잠든 숲을 깨우는 옹알이의 특별한 무대
가장 고요하고 새로운 저음의 안도감

그 눈동자에 담긴 맑은 빛으로
내 삶의 호수를 향해 물비늘로
은은히 밝혀주는 끝 소절을 부른다

너의 무게

아이야!! 너를 처음 안았을 때
나는 문득 내게 온 것이
단지 숨 쉬는 살결이 아님을 알았다
너는 하나의 세계였고
모든 감동을 동원해서
내게 던져진 깊은 물음이었다
눈을 감을 수 없었다
너의 고요한 숨결 속
행복한 나를 꿰뚫었기 때문이다
내가 걸어온 시간이 지나고
이제 너를 통해 이어진다
그 놀라운 진실을 받아든 무게
나는 숨 쉬는 매 순간
그 무게를 감격으로 담는다
매일 감동으로 다가온 무게
너의 무게에 키가 큰다

순간이더라

한 생명이 태어나는 찰나
저편에서 저물어가던 숨결을 떠올렸다
시작과 끝은 서로의 발끝을 물들이며
같은 그림자 안에 놓여 있었고
지워진 발자국 위에
이윽고 꽃 한 송이 조용히 피어났다

어둠에 잠긴 숨결은
한 줄기 빗길을 타고 다시 흐르더니
닫힌 문 뒤편에서
또 하나의 문이 조용히 열렸다
그 안에는 막 깨어난 희망 같은 떨림과
익숙한 두려움이 포개져 있었고
기쁨과 슬픔은
한 사발의 물처럼 잔잔히 섞여 있었다

탄생은 시작이 아니라
삶과 죽음이 서로를 감싸 안고
잠시 머무는 하나의 떨림이었다

나는 그 떨림 위에 서서
말없이 삶의 무게와 깊이를
가만히 가슴에 새겼다

탄생의 서

내 안에서 하나의 숨결을 고요히
그러나 단호하게 세상에 밀어 올렸다
진통의 골짜기를 지나며
몸은 부서졌고 처음 느끼는 몸이다
시간을 물고 흔들던 그 순간
나는 완전히 새로워졌다

울음이 터졌을 때 나는 울지 않았다
기쁨이 목울대를 가득 채우고
심장은 경외처럼 떨렸으므로
이것은 아픔이 아니었다
하나의 우주가 열리는 소리였다

세상의 시작은
언제나 고요한 몸 하나에서부터
움트고, 흔들리고, 피어난다
나는 이제 안다 이 기쁨은
가장 깊은 고통의 강을 건너
주어지는 첫 빛이라는 것을

불꽃 속의 봄

밤하늘 별빛이 눈부시게 쏟아지던 날
고요하던 너의 얼굴에 불꽃이 터졌다

붉은 김이 몸을 휘감고 살결을 찢는 울음소리
따가운 봄빛보다 더 따갑게 활활 피어난다

긴 터널 끝, 사이렌 소리 밤은 무겁게 들어
다급한 아이의 울음을 들고 뛴다

형광 불빛의 차가움을 알몸으로 안고
무색의 거즈에 알코올이 스며드는 동안

살며시 잠든 너의 숨결 위에 알몸으로 떨고 있는
어린 엄마의 허우적거림은 밤을 들고 서 있다

첫 붉은 그 날처럼 붉은 아이가 불꽃이다

오래된 노래

너의 곁에서 오래된 자장가를 부른다
어머니가 내게 들려주셨던 그 노래
너의 미소와 마주한 노래 첫 소절
세상 모든 소음도 재울 듯 새근새근 걸린다

한 소절 두 소절 넘어가는 이음표 따라
함께 졸고 있는 어린 어미의 심장 박동이
평온해질 즘 세상의 모든 소음도 잠든다

이내 잡았던 손이 스스로 풀리며
안도의 숨소리 다듬어 내는 노래
빛나는 끝 소절 잠든다

첫걸음

참 신기한 일이다
옹알이하다가
배밀이를 한다
매일 역사를 새로 쓰며
참 신기한 일이다
뒤집기를 마치고
내게로 기어온다
그렇게 내게로 향한다
웃고,
삐죽이고,
울고,
아이는 내게
첫걸음을 내디디고
나는
한
발짝
내디디는 어른이 된다

날갯짓

언젠가 내 손끝 온기로부터
조용히 이탈할 것이다
작은 발로 대지의 숨결을 체화하고
묻지 않아도 바람의 방향에
길을 찾는 법을 배우겠지

그때 나는 저물녘 나무의 그림자처럼
너의 존재를 바라보겠지

그러나 나는 부재 속의 존재로 남아
너의 시간과 조응하는 바람이 되고
무언의 격려를 흩뿌리겠지

너의 몸짓으로
혼자 스스로 비상시키는 순간
그것이 곧 내 존재가 완성되는
가장 조용한 진실이겠지

보호자 1인

몸은 아직 덜 아문 채
무거운 가슴을 안고
천천히 복도를 걷는다

나는 이제 엄마다
보호자 1인
단 한 사람의 이름으로

"보호자 외 출입금지"
그 문 앞에 멈춰서 울음을 삼킨다

투명한 유리창 너머 태어난 지 이틀
널 안아보지 못한 채 서 있다

나는 무거운 이름 '엄마'다
내 안에 폭풍 눈물이 문턱에 서 있다

처음과 끝

내 아이야,
너는 아직 모를 거야
내가 너를
얼마나 오래 기다려왔는지

작은 손가락 하나
내 손에 움켜쥘 때마다
나는
세상을 처음 배우는 아이가 된다

울음 너머 스며드는
너의 웃음 하나에
삶이 얼마나 따뜻하게
내 등을 감싸는지
나는 이제야 알게 되었다

너는 자라고
나는 늙어가겠지만
우리 사이의 거리는

눈빛 하나,
숨결 하나로도
충분하다

언젠가 세상이
너를 힘들게 할 때면
기억해 줘
네가 울던 그 모든 새벽마다
나는 너를 꼭 안고
같이 울었다는 사실을

내 아이야,

이름, 그 첫 기도

그 이름을
처음 입에 올리던 순간
시간이 고요히 멈췄다
세상의 빛나는 모든 것들이
그 이름 안으로 모이고
나는 부모가 되어
너의 부름을 받는다

그 이름은
봄 햇살처럼 부드럽고
세상의 온기를 품어
새로운 세상에 설레며 다가간다
네가 부른 그 이름의 무게로
언젠가 너의 길을 비추고
삶을 다독이는 바람 되길

나는 언제나 너를 향한
첫 기도로
그 이름을 부른다

| 4부 |

관계의 거리

생명의 기록

몇 계절을 지나며 피를 품고 생명을 품는다
그리고 마침내 고요한 탄생을 받아들인 뒤
세상을 향해 조용히 길을 연다

그 몸의 리듬은 말 없는 인내의 자작임이다
작지만 위대한 몸짓으로 걸음마의 시작점

내 어머니의 숨결이 내게 닿고
내 걸음은 또 새로운 생명을 품는다

어머니의 어머니가 만들어낸 역사의 흔적
위대한 생명으로 이어진 기록이다

'어머니'라는 이름 앞에 서게 한 당신
오늘, 그 위대한 기록을 남겨준 가족의 힘
그 숭고한 일을 우리는 해내고 있다

멈춤 너머의 길

내 몸의 무게를 만난다
어느 날 길을 따라 걷다가 가장 익숙한 리듬
내 안에서 일어나던 기억을 더듬는다

긴 터널의 침묵보다 무겁던 붉은 주기
몸으로 조용히 받아내던
그 자리에 고요한 물음표를 꺼낸다

기다리던 주기의 침묵을 만난다
이음줄을 벗어난 주기별 태도에
낯설어진 몸의 무게를 서툴게 든다

내 안 깊은 곳에서부터 작은 파동이
이미 다른 길을 안내 중이다
새로운 세계로 이동의 축이 흔들린다

멈춘 생리통은 아픔이 아닌 그리움이 되고
새로운 시작의 초석을 쌓는다

어느새 몸의 길을 안내하는 주기의 리듬
작은 글씨의 설명서를 다 읽지 못하고
묵묵히 아니 또 다른 존재의 출발을 맞이한다

무게의 이름, 사랑

너를 품는다는 건 삶의 고요한 눈물까지
내 안으로 깊이 마시는 일
말 없는 결심처럼 고통을 삼키는 일
기쁨마저 겸손하게 받아들이는 일이다

가벼운 상처에도 사랑은 숨는다
깊고 단단한 응답을 위해 무릎 꿇는 기도
그 안에는 희망이 초롱초롱 떠 있고
두려움은 그림자처럼 드리워져 있다

너의 눈빛 속에서 반짝이는
아픔과 환희의 결들 그 모두를 껴안을
따뜻한 온기의 힘이 만들어내는 힘
사랑은 멈추지 않는 걸음으로 길을 걷는다

넘어지고 다시 일어서기를
몸이 기억하는 끊임없는 두드림이다
그 이름 안에 담은 주기별 기록이다

두 세계를 건너며

한 생명을 품으며
나는 '엄마'가 되었다
그 이름은 고요하지만 단단했다
해낼 수 없는 일을
갈 수 없는 길을
말하기 힘든 말을
참아내기 힘든 소리를
하는 동안 새로운 길을 열었다
나는 사라지지 않았다
나는 너에게로 기울어졌을 뿐
이제 두 세계를 건너는 동안
알게 되는 모든 일이
과거와 미래를 통하는 통로였다
한 생명을 품지 않았다면
알아낼 수 없는 비밀을
특별한 사람이 된 지금
이쯤에서 최고의 찬사는
내 아이의 엄마라는 이름이다
두 세계를 건너며

입김 속에 피어난 여자

어머니는 김칫국 끓이셨다
붉은 김이 피어오를 때마다
뜨신 입김으로 불씨를 댕기셨다

고춧가루보다 매운 세월
된장보다 깊은 마음으로 풀었다
그릇 속 얼큰하고 짭짤했던
묵직하게 세월이 오래 익었다

지금도 오빠는 말한다
"오늘은 김칫국 끓여 먹자"
그 말은 어머니를 부르는 주문
그때 몰랐던 어머니의 하루
겨울도 덥다던 단절의 길목
오늘도 그 붉은 숨결의 하루를 꺼내
김칫국을 끓인다

보랏빛 숨결

도라지밭 길을 걷는다
햇살에 물든 꽃들이 하나둘 피어난다
이파리마다 도란도란 수다를 떨고
까마귀 한 마리 울음을 터뜨린다

목청만 높인다고 다 이기는 건 아니라는 듯
참새들 아장아장 흙길을 걷고
바람 따라 보랏빛 잎이 흔들린다
내 마음도 어김없이 따라 흔들린다

문득 도라지꽃 앞에 멈춰 서면
어머니의 아린 눈빛이 떠오른다
꽃잎을 한 장 한 장 따며
조용히 나를 바라보던 젊은 여자

나는 말 없이 밭두렁에 앉아
그 꽃잎을 따라 세어본다
내 밭두렁마다 피어나는 눈빛
도라지꽃을 닮은 여자를 따라
그 빛으로 나를 더듬는다

마지막 달의 기록

어둠이 슬며시 스며드는 이 밤
내 몸의 마지막 붉은 흔적
바람결에 실려 온 오래된 기억처럼
서서히, 잔잔히, 사라져간다

한때는 달마다 불꽃이 피었고
그 불꽃은 나를 뜨겁게 달구었지!
이제는 숨을 고르듯 천천히 꺼져가는 잔영
나는 그것을 조용히 기록한다

차가운 공기 속에서도
내 안의 온기는 아직 살아 있고
아주 천천히 새로운 리듬을 배워간다

시작과 끝 사이 나는 나로 남는다
어쩌면 또 다른 시작을 알리는 일
나는 마지막 붉은 달을 조용히 만지작거린다

멈춤의 시간

어느 날, 물처럼 흘러오던 것들
기억을 잃은 채 서 있다
처음엔 적막이 두려웠다
마치 내가 아닌 것 같은 몸
낯선 고요가 나를 감쌌다

그러다 알아차렸다
멈춘다는 건 끝이 아니라
다른 결을 찾는 작전 중이란 것을

내 몸은 고요 속에 서서
긴 시간이 준 선물을 들고
피어나는 것과 쓰러지는 것을 찾는다
내 몸이 내민 리듬에 순종하는
더 깊게 나를 흠모한다

새로운 나를 배우는 동안
몸이 자꾸만 보챈다

울음을 데운다

양파를 깐다 겹겹이 감춘 마음을
한 꺼풀씩 벗길 때마다
매운 눈물 울음이 데워진다

엄마는 늘 말했지. 사람도 양파 같다고
겉으로는 멀쩡해 보여줘도
속엔 눈물 나는 사연 하나쯤 있다고

안경을 껴도 물에 담가도
양파 앞에선 모두가 진실하다
눈을 감아도 매운 기억은
오래된 상처로 마음을 잠식한다

눈물로 깐 양파는 진한 국물이 되고
짜지도 싱겁지도 않은
데워진 울음으로 간을 맞춘
따뜻한 위로가 된다

엄마는 그 국에 밥을 말아

말없이 내 앞에 놓는다
엄마가 데운 울음을
세월 속에 말아 삼킨 후

나란히, 멀어지고 있었다

창 너머 파도 소리 머금은 찻집
바람과 바람 사이
우리는 나란히 앉아 있었지만
그는 잔잔한 바다를 보고
나는 저 멀리 스치는 바람을 쫓는다
같은 자리, 다른 계절 속에 머무르며

커피 향 속 쓴맛처럼 우리의 말은 식어가고
눈빛은 자꾸 어긋난다. 서로를 기다리는 듯
하지만 시선은 만나지 않는다

진동벨이 울리면 습관처럼 몸을 일으키지만
마음은 그 자리에 느리게, 멀리 남아 있다

나란히 앉아 서로 다른 곳을 바라보며
몸과 마음은 서로 다른 속도로
조용히 늙어가고 있었다

탄생을 이룬 사람

당신의 어깨 위엔 보이지 않는 날개가 있었다
핏물과 울음 속을 지나 생명을 품고
그 생을 끝까지 지켜낸 날개

그 날개는 진통을 넘고 살을 찢는 고통을 든다
세상을 밀어낸 자궁 죽음을 건너 탄생의 신비를
이뤄낸 사람 어머니, 바로 당신이었다

당신은 무너질 틈 없이 버텼고 우리를 위해
자신을 불태우며 온몸으로 세상을 끌어안았다

나는 이제야 본다 그 불꽃 같은 날들을
그 날개가 들어 올린 삶의 기적 위에
내가 사는 것은 당신의 날개가 있어서였다

붉은 선으로 이어진 기도

열다섯의 아이, 처음 열린 신비의 문 앞에서
두려움은 눈물로 흐르고 어머니는 그 피를
작은 축복처럼 감싼다

같은 울음, 다른 의미 하나는 지나온 시간의
회상이자 조용한 기도였다

달거리, 낯설고도 익숙해지는 통과의례 그건
단지 몸의 통증이 아니라 '여성'으로 깨어나는
한 존재의 첫 문장이다

몸은 속삭인다 두통과 눅눅함 사이
피의 시詩가 조용히 그러나 확실히 시작된다

할머니의 주름진 세월 어머니의 푸르른 눈동자
그리고 아직 오지 않은 아이의 미래 세 세대의
시간이 붉은 실로 정갈히 꿰매어지고
그 실은 어느새 기도문이 된다

붉은 선은 고통이 아니라 신성의 증거가 되어
몸이 들려주는 가장 오래된 이야기
살며시 그어진 흔적이 시간을 잇고 생을 잇고
여성을 잇는

반복된 후

피를 흘리며 사는 여자 숨기듯 감추듯
그러나 멈추지 않는 스스로 되살아나는 사십 년
끝내 무너지지 않았다

누구도 대신 느낄 수 없는 날들 나는 침묵으로
껴안았고 잔잔한 호수처럼 보여줘
그 아래엔 용광로 같은 뜨거움이 흐른다

나를 철들게 한 붉은 무기 세상의 지혜를
빨아들이는 스펀지 내 몸은 흘러내리며
다시 삶을 피워낸다

상처도 없이 상처가 될 수 있을까?
반복되는 군살이 날마다 나를 벤다
피의 언어로 쓰인 주기처럼 천천히
그러나 또렷하게 읽혀간다

몸에서 내어주는 붉은 시간을
오늘도 보듬는다

되감기 중

부엌 불빛 쉬지 않고 타오른다
빨랫줄에 걸린 하루가 바람에 흔들린다
손길 닿는 곳마다 기적이 쌓인다
낡은 의자는 앉은 시간을 깨운다

거울 앞, 그녀는 숨을 삼킨다
빨랫줄에 걸린 하루를 가만히 불러본다

함께 살던 가족들
함께 놀던 친구들
함께 웃던 동료들
함께 살던 살림살이
분주한 어제를 되감기 중이다

남은 자리

이제 네가 떠난 집은
숨을 참듯 조용히 숨 쉬고
그 적막은 벽을 타고
천천히 무겁게 내게 문을 연다

작은 발소리가 사라진 방
햇살만이 오래된 책상을 바라본다
창문 너머로 너에 웃음소리가 지나간다

그리움은 찬물로 발등을 적시고
가슴 깊은 곳을 조용히 쓸고 지나간다

너에 걸음마다 빛났던 붉은 리듬
내게 남긴 그 자리
새살이 돋는다

엄마와 달걀

새벽, 엄마는 달걀을 깬다
조용히 마치 마음을 여는 듯이
발끝으로는 장작을 밀어
아궁이 속 불씨를 살린다
그 발끝엔 한 끼의 따뜻함보다
더 무거운 피의 지혜를 밀어 넣는다

두 손으로 달걀을 든다
흰자와 노른자의 몸부림에 터진다
떨어지지 않으려는 아이가 운다
달걀 속에 품었던 그 미끄러운 세월
활활 타다가 숨죽이는 불씨
엄마의 무거운 생이 흘러내린다

동백, 붉어지는 동안

혼자 붉어지다 혼자 떨어진다
차가운 바람의 무섬을 맞고 조용히 돌려보내는 새벽
그의 밤은 정말 어둡기만 했을까?

붉어지는 동안의 기억 떨어지던 순간의 무게
바람이 지나간 설렘과 파도 같은 회상이 들이친다

앙다문 잇몸이 내려앉는 줄도 모르고
붉은 잇몸을 드러낸 채 꾹꾹 눌러 담은 동백섬의 바람
동백이 붉어지는 동안 넘칠 수 없는 수평선 겹친다

파도는 아는 것이다 오다가다 전하는 소식처럼
꽃잎만 하나 둘 깊은 밤 그녀의 동백을